LA MONARCHIE FRANÇAISE

Du trône à l'échafaud

Par Déborah Moine
Sous la direction d'Aurélie Le Floch

AF290327

50MINUTES.fr

LA MONARCHIE FRANÇAISE

DU TRÔNE À L'ÉCHAFAUD

- **Quand ?** De 843 (avènement au trône d'Hugues Capet) à 1848 (fin de la Restauration)
- **Personnalités emblématiques ?**
    - Philippe IV le Bel (1268-1314)
    - Henri IV (1553-1610)
    - Louis XIV, le roi Soleil (1638-1715)
- **Temps forts**
    - La guerre de Cent Ans (1337-1453)
    - La Renaissance (1477-1598)
    - La Révolution française (1789-1799)
- **Notions-clés ?** Monarchie absolue, roi de droit divin, roi de France, roi des Français, loi salique, état féodal, état centralisé, favorite, reine, roi des Francs, régence, ministre.

La monarchie française a une histoire longue et complexe, où s'illustrent des personnalités fascinantes. De grands épisodes de l'histoire de France se sont déroulés sous ce régime politique.

Le pouvoir royal évolue au cours des siècles, s'exerçant dans le cadre d'un État féodal puis d'un État centralisé et, enfin, d'une monarchie absolue. Le roi de France voit alors son pouvoir validé par Dieu, notamment lors du couronnement par l'onction au « saint chrême », substance à base d'huile d'olive parfumée et destinée à l'onction qui a été apportée, selon la légende, par une colombe descendue des Cieux lors du baptême de Clovis (roi des Francs, v. 465-511) en 498.

La succession au trône est alors régie par la loi salique : l'aîné des garçons succède à son père. En vertu de cette règle, en l'absence d'héritier mâle au trône, le plus proche parent masculin est désigné roi. Ainsi, trois dynasties se suivent sur le trône de France, parentes entre elles par cousinage et alliances matrimoniales : les Capétiens (15 rois, 987-1328), les Valois (13 rois, 1328-1589) et les Bourbons (sept rois, 1589-1848). Autour des souverains, la monarchie française voit graviter de nombreux personnages influents : reines, favorites et autres ambitieux ont sans cesse fait et défait la gloire du trône de France.

Les derniers rois Bourbons voient la couronne leur échapper durant l'épisode sanglant de la Révolution Française, à partir de 1793. Ils sont remplacés par le Directoire (régime politique mis en place durant la Première République entre 1795 et 1799) et l'Empire de Napoléon Ier (1769-1821, empereur des Français de 1804 à 1814). Les Bourbons reviennent au pouvoir durant une brève période de restauration (1815-1830) avant de céder la place à Louis-Philippe (roi des Français, 1773-1850) durant la monarchie de Juillet (1830-1848). Celui-ci n'a pas les mêmes pouvoirs que ses illustres ancêtres, les siens étant désormais régis par une constitution. De plus, il porte le titre de « roi des Français » au lieu de « roi de France ».

À ce régime succède le Second Empire de Napoléon III (empereur des Français de 1852 à 1870). Enfin, la République est instaurée dès 1870, après la défaite et la capture de Napoléon III à Sedan (dans les Ardennes). Ce dernier système de gouvernement régit encore la France d'aujourd'hui.

Néanmoins, il existe toujours des familles issues des Bourbons, qui espèrent reprendre un jour le trône de leurs ancêtres.

Si la monarchie française fait désormais partie du passé, son héritage et les personnalités qui l'ont marquée continuent à témoigner de son importance historique.

L'ORIGINE DE LA MONARCHIE FRANÇAISE

Durant le Bas Moyen Âge, la France est contrôlée par les Mérovingiens (481-751) et les Carolingiens (751-987). Cependant, ces deux dynasties ne sont pas comptabilisées parmi les rois de France : les Mérovingiens ne sont pas tous chrétiens (leur royauté n'était donc pas reconnue de tous, notamment du clergé) et les Carolingiens sont les souverains des Francs qui règnent sur la future France mais aussi sur d'autres territoires (l'appellation « roi de France » est plus tardive). Néanmoins, cette période jette les bases du pouvoir royal français.

LES DÉBUTS DE LA MONARCHIE

Après la chute de l'Empire romain (476), la future France est contrôlée par des peuples venant de Germanie, dont les Mérovingiens et les Francs. Les souverains, souvent païens, ne règnent pas sur la France mais sur une zone de l'Europe dont elle fait partie, et dont les frontières sont fort variables durant cette période. Childéric Ier (436-481), l'un des premiers rois des Francs, se désolidarise de l'Empire romain. Ses parures, redécouvertes en 1653 sous Louis XIV dans sa tombe de Tournai (actuelle Belgique), deviennent des « reliques » de la royauté française.

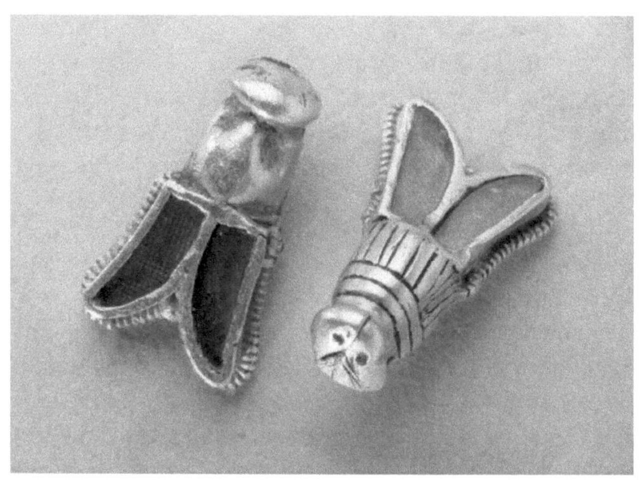

Les abeilles en or du trésor de Childéric Iᵉʳ.

Clovis devient roi « de tous les Francs » en 481, posant la base de la constitution territoriale de la future France. C'est avec lui que l'Église entre dans l'histoire du trône de France : il se fait baptiser le 25 décembre 498. Avant cet acte, les souverains mérovingiens, païens, ne voyaient pas leur couronne reconnue de tous, et notamment du puissant clergé. Le rite de couronnement est ainsi établi : tout roi succédant à Clovis sera enduit du saint chrême. Le souverain se voit aussi attribuer des « pouvoirs » tels que la guérison des écrouelles (maladie cutanée psychosomatique). La royauté devient alors non seulement politique mais sacrée, aspect qui s'accentue en 1297 avec la canonisation de Louis IX (1214-1270).

Quant à la succession au trône, elle est régie par la loi salique dans sa première forme : tous les enfants mâles héritent du territoire paternel, ce qui entraîne un morcellement de l'État puis des réunifications suite à des guerres. Vers 585, sous Childebert II (570-596), le mode de succession est réformé : seul le fils aîné hérite du trône, ce qui assure une certaine stabilité politique.

Chilpéric (523-584, monté sur le trône en 561) est le second souverain (le premier étant Clovis) à réunifier le futur royaume de France. Mais son règne est marqué par les intrigues et querelles sanglantes de sa maîtresse puis épouse Frédégonde (reine de Neustrie, 545-597) et de sa belle-sœur puis bru Brunehaut (reine des Francs puis d'Austrasie des Francs, 547-613). Cette dernière finit liée par les cheveux à la queue d'un cheval sauvage par Clotaire II (584-629), l'un des fils de Chilpéric et de Frédégonde, sa rivale de toujours. Cet atroce supplice est à la fois une vengeance familiale suite aux conspirations de la souveraine, mais également un symbole. Brunehaut étant reine, elle recevait de Dieu la royauté sur les humains et les animaux. Si ces derniers ne la respectaient plus, c'était le signe que la protection divine n'agissait plus sur elle, donc qu'elle n'était plus digne d'être reine. Durant cette période de troubles, les maires du palais (fonctionnaires dont le rôle s'apparente à celui d'un Premier ministre) voient leur pouvoir s'amplifier.

Dagobert Ier (600-638) monte sur le trône en 629. Il mène des réformes législatives (la loi salique désignera désormais le fils aîné comme seul héritier), calme les ennemis par la diplomatie et restaure une certaine unité du territoire (mise à mal par la loi salique dans sa première version et par l'instabilité politique). Ses successeurs essaieront de maintenir tant bien que mal son acquis. Il consolide aussi l'idée de nécropole royale imaginée par Clovis : contrairement aux rois précédents, il se fait inhumer comme son aïeul à Saint-Denis et non plus à Saint-Germain-des-Prés. Il laisse une image de bonhomie et de dépendance à son ministre saint Éloi (588-660), popularisée par des chansons comme « Le bon roi Dagobert », composée sans doute à la Révolution.

UN POUVOIR CONTESTÉ

De 673 à 751 s'étire la période dite des rois « fainéants », représentés souvent vautrés dans des charrettes tapissées de coussins, tirées par des bœufs, ce qui est une image légendaire. Le terme « fainéant » ne désigne pas un état de paresse mais le fait que ces souverains ne gouvernent pas réellement, étant tributaires des ambitions de leurs ministres.

Sous Clothaire III (652-673, monté sur le trône en 657), les maires du palais voient leur pouvoir s'étendre, profitant du fait que le roi est monté sur le trône encore enfant. Le souverain devient un véritable fantoche. Pépin d'Héristal (maire du palais d'Austrasie, 645-714) va jusqu'à gouverner en lieu et place de Thierry III (652-691, devenu roi des Francs en 678).

D'une certaine façon, la dynastie mérovingienne coexiste alors avec celle qui la remplacera, la carolingienne, issue du maire du palais Pépin. Ce dernier est en effet l'arrière-grand-père de Charlemagne. Charles Martel, fils de Pépin (686-741, maire du palais à partir de 717), est quant à lui vainqueur des

Musulmans à Poitiers en 732.

UNE ABSENCE DE CONSENSUS

Les Mérovingiens, les Carolingiens et les premiers Capétiens portent le titre de « roi des Francs » et non de « roi de France ». En outre, la datation de la création du royaume de France varie selon les historiens : certains la font remonter à l'avènement de Clovis en 481, d'autres au partage de l'Empire carolingien (843), d'autres encore à l'élection de Hugues Capet (939-996) en 987.

Après Clovis, il existe en effet plusieurs royaumes francs qui forment déjà une entité. Avec les Carolingiens, la Francie occidentale (comprenant le royaume des Francs et d'autres territoires) devient un domaine féodal inclus dans l'Empire carolingien, jusqu'à l'éclatement de celui-ci en 843. Le pouvoir royal est alors limité aux alentours de Paris et les autres seigneurs sont les vassaux du roi. C'est seulement avec les Capétiens que les grandes principautés vont se rattacher au domaine personnel royal. Cet épisode marque la fin de la féodalité et la naissance du royaume de France en tant que tel, ce qui explique que nous ayons préféré la date de 987.

DES MINISTRES DEVENUS ROIS !

En 751, la dynastie mérovingienne est définitivement renversée par les maires du palais. Pépin le Bref (714-768) prend le pouvoir, et à sa suite, l'Empire carolingien se développe. Son fils Charlemagne (747-814, couronné en l'an 800) fonde un véritable empire, soutenu par la papauté. La France n'est alors qu'une partie de ce vaste territoire et n'a pas d'autonomie politique. Les arts, les sciences et les lois s'y développent. L'État se centralise, l'Église le soutient et le souverain devient de plus en plus sacré (Charlemagne est canonisé brièvement en 1165).

À la mort de Charlemagne, une période de déclin commence. Son fils, Louis Ier le Pieux (778-830) fait face à des raids vikings, à des rébellions et à des problèmes économiques. À sa mort, lors du traité de Verdun en 843, l'empire est disloqué et divisé entre ses fils Lothaire (795-855), Louis II de Germanie (806-876) et Charles II le Chauve (823-877). Ce dernier hérite de la partie où se trouve la France. Ses successeurs portent à nouveau le titre de « roi des Francs » et non plus d'empereur. Or leur autorité diminue de plus en plus, à cause de leur caractère ou de leur santé. Ainsi, Louis II le Bègue (846-879) souffre d'un handicap de langage qui l'empêche de s'exprimer en public.

DE L'IMPORTANCE DES MINISTRES ET DE L'ENTOURAGE ROYAL

Si d'ambitieux ministres (les maires du palais) sont devenus rois, d'autres ont également marqué l'histoire tout en restant à leur fonction d'origine. Certains ministres ont été véritablement les artisans du règne de leur souverain. Dagobert (monté sur le trône en 629) prend ainsi à son service le sage Saint Éloi, orfèvre et évêque de Noyon, en 631.

D'autres ecclésiastiques font plus tard leur entrée à la cour. Le cardinal Armand-Jean de Richelieu (1585-1642), amoureux des arts et fin stratège militaire, apporte son aide à Louis XIII (1601-1643) et pose les fondements de l'absolutisme. Son successeur, le cardinal Jules de Mazarin (1602-1661), poursuit son œuvre, soutient la régente Anne d'Autriche (1601-1666) ainsi que son fils le futur Louis XIV, et mène la répression de la Fronde.

Les hommes d'Église ne sont pas les seuls ministres d'influence. Ainsi, Jean-Baptiste Colbert (1619-1683), issu d'une famille de banquiers, est le pilier des finances et de la marine du Roi Soleil dès 1665.

L'entourage royal peut aussi être prépondérant lorsque le roi est mineur (âgé de moins de 13 ans en général). Un conseil de régence gouverne alors en son nom. Il est fréquent de voir la reine-mère y jouer un rôle essentiel. Certaines périodes de régence ont été particulièrement marquantes :

- Catherine de Médicis (1519-1589, régente de 1560 à 1563) qui garde par la suite une influence politique et serait à l'origine du massacre des protestants de la Saint-Barthélemy ;
- Philippe d'Orléans (1674-1723), le neveu de Louis XIV, régent de 1715 à 1723. Son gouvernement a une telle influence sur l'art de vivre que la période porte le nom de Régence.

LES CAPÉTIENS ET LA NAISSANCE DE LA FRANCE

En 987 meurt le dernier carolingien, Louis V le Fainéant (969-987), monté sur le trône en 986. Il ne laisse pas d'héritier. Le pouvoir est alors menacé par sa faiblesse interne mais aussi par des ambitions externes, notamment celles des empereurs germaniques, convoitant le royaume et conspirant pour s'en emparer. Ils vont même jusqu'à mener des expéditions militaires mais seront repoussés par Hugues Capet en novembre 978.

C'est au tour des Capétiens de monter sur le trône avec Hugues Capet. Duc des Francs, très instruit et d'une aura considérable, il est soutenu par l'archevêché de Reims contre le clan ottonien des souverains germaniques qui souhaitent s'approprier la Francie et en faire une province de leur empire (979-986).

Avec Hugues Capet, la Francie occidentale est séparée définitivement de l'Empire germanique et devient autonome. Son fils Robert le Pieux (996-1031) reconquiert les futures grandes provinces de France, comme la Bourgogne, dès 1003. C'est le début de la fin de la féodalité.

Jusqu'à Philippe III, dit « Philippe Auguste » (1165-1223), les rois portent le titre de « roi des Francs ». Philippe Auguste, lors de son règne (1180-1223), vers 1190 et surtout à partir de 1204, commence à utiliser le terme de « roi de France ». Il quadruple la taille du domaine royal, assure une présence sur la scène politique (croisade en 1191, victoire contre l'Angleterre à Bouvines en 1214) et réorganise l'administration du royaume.

L'AFFIRMATION DU POUVOIR ROYAL

Le pouvoir royal va en augmentant au cours des siècles suivants. D'abord tributaire de la féodalité, il se centralise sous Saint Louis (1214-1270) et Philippe le Bel (1268-1314). Ce dernier n'hésite pas à choisir son entourage politique non plus seulement dans la noblesse mais aussi parmi les gens les plus méritants du royaume, sans aucune barrière sociale.

Outre la France, les souverains voient leur sphère d'influence s'étendre à un petit royaume des Pyrénées, la Navarre. Louis X le Hutin (1289-1316, monté sur le trône en 1314), fils de Philippe le Bel, est le premier roi de France à régner conjointement sur la France et la Navarre (région de Pampelune), dont il a hérité par sa mère, Jeanne (1273-1305). À l'avènement des Valois en 1328, le petit royaume passe aux cousins Bourbon. Il faut attendre leur accession au trône en 1589 avec Henri IV pour voir à nouveau la France et la Navarre unies sous un même sceptre. En effet, Henri était roi de Navarre par héritage de sa mère, l'autoritaire Jeanne d'Albret (1528-1572, devenue reine de Navarre en 1555), épouse d'Antoine de Bourbon (1518-1562).

Le roi devient alors le référent principal du pouvoir politique. Un conseil des pairs, choisi parmi les nobles les plus puissants du royaume, le seconde. Il perd de son influence après la Fronde (1648-1653, révolte de la noblesse) et l'entourage royal acquiert un rôle politique croissant.

Après les Capétiens, les Valois voient leur pouvoir diminuer suite à la guerre de Cent Ans. Jean II le Bon (1319-1364), otage des Anglais, laisse pourtant un jalon important de l'histoire économique de France : les débuts du franc comme unité monétaire en 1361. Avec Charles VII (1403-1461) et Louis XI (1423-1483), l'État se recentralise et de grandes provinces comme la Bourgogne retournent dans le giron royal. François Ier (1494-1547), malgré des défaites militaires, refait de la France une puissance importante sur la scène inter-nationale. Mais les guerres de religion des règnes suivants entraînent les Valois vers la décadence et le pouvoir royal essuie des rébellions.

En 1589, Henri de Navarre, de la maison Bourbon, accède au trône (1553-1610). Il assure la paix, réforme l'État et assoit sa dynastie. Son petit-fils Louis XIV fonde une monarchie absolue de droit divin qui s'effondrera lors de la Révolution française (à partir de 1789).

LES FEMMES ET LE POUVOIR

Si le pouvoir royal est masculin, certaines femmes (favorites, régentes, reines, etc.) ont une importance considérable pour la monarchie. Leur influence varie selon leur caractère. Les reines sont sacrées et couron-nées ; certaines ont même connu un destin tout à fait exceptionnel en portant par deux fois la couronne !

Aliénor d'Aquitaine (1122-1204), unique héritière du du-ché d'Aquitaine, épouse en 1137 le roi de France Louis VII (1120-1180, roi dès 1137). Leur mésentente provoque un divorce en 1151. Un an plus tard, Aliénor épouse

Henri Plantagenêt (1133-1189), alors comte d'Anjou et duc de Normandie. Il deviendra deux ans plus tard roi d'Angleterre ! Le duché de son épouse passera alors à leurs descendants. Même si l'Aquitaine se réduit peu à peu à la seule Guyenne, cette possession anglaise en terre de France est une source de conflits jusqu'à la guerre de Cent Ans.

Anne de Bretagne (1477-1574) est, quant à elle, une « double reine » de France. Seule héritière du duché de Bretagne, elle voit ses noces devenir un véritable enjeu politique pour les différents souverains d'Europe. Elle se marie successivement aux rois de France Charles VIII (1470-1498, monté sur le trône en 1422) et Louis XII (1462-1515). Avec ces unions, la Bretagne est rattachée au domaine royal.

HISTOIRE DE LA MONARCHIE FRANÇAISE

La monarchie française voit trois familles successives occuper le trône : les Capétiens (987-1328), les Valois (1328-1589) et les Bourbons (1589-1848, avec l'interlude de la Révolution et de l'Empire). Ces trois périodes successives sont jalonnées de nombreux événements historiques. Certains sont fortement liés au règne d'un roi en particulier tandis que d'autres s'étalent sur plusieurs règnes.

Citons par exemple les croisades, qui fédèrent les puissants de l'époque. Ces expéditions militaires visent à libérer le tombeau du Christ, alors en terre musulmane (les fidèles ne pouvaient plus s'y recueillir). La première croisade ne mobilise pas de souverains mais surtout des gens du peuple, des héros en quête de fortune et des féodaux (tels Godefroy de Bouillon, 1058-1100). Louis VII, roi des Francs, mène la deuxième croisade en 1145, entraînant avec lui le Portugal et l'Espagne. Le roi d'Angleterre Richard Cœur de Lion (1157-1199) organise la quatrième croisade en 1190, ralliant à lui le roi de France Philippe Auguste. Quant à Louis IX de France, dit « Saint Louis » (1214-1270), il mène deux croisades en 1248 et 1270, s'alliant au Saint Empire romain germanique.

De même, d'autres événements marquent l'histoire de la monarchie, incitant la royauté à évoluer et à se réinventer.

LA GUERRE DE CENT ANS (1337-1453)

Les trois fils de Philippe IV le Bel se succèdent sur le trône de 1314 à 1328 et meurent sans laisser d'héritier mâle légitime. Philippe de Valois, neveu de Philippe IV, est donc désigné comme héritier. Il devient Philippe VI, roi de France (1328-1350). Mais Isabelle (1295-1358), reine d'Angleterre et fille de Philippe le Bel, a aussi un fils, Édouard III (1327-1377) qui estime que la couronne de France doit lui revenir par sa mère. Il déclare ainsi la guerre à la France et conteste la légitimité de Philippe de Valois lors d'un discours à l'abbaye de Westminster (Angleterre), en 1337.

Le conflit, d'abord familial, devient armé. Édouard débarque à Calais en 1346. Philippe VI (1293-1350) est défait par les Anglais à Crécy la même année. Son fils Jean II le Bon est vaincu par Édouard le Prince Noir (1330-1376) à la bataille de Poitiers, en 1356. Il est emmené en captivité en Angleterre et remis contre rançon. Il doit également céder un tiers de la France au souverain britannique.

Illustration de la bataille de Crécy (26 août 1346) dans les *Grandes chroniques de France* (v. 1415).

Cette guerre se joue par les batailles mais également par les intrigues de palais. Ainsi, la reine de France Isabeau de Bavière (1371-1435) traîne une réputation sulfureuse. Mariée au roi Charles VI (1368-1422, roi de France de 1380 à 1422), empêché de régner en raison de troubles mentaux, cette reine adultère renie son fils Charles VII et signe en 1420 le traité de Troyes qui fait d'Henri V, roi d'Angleterre (1387-1422, monté sur le trône en 1413), l'héritier du trône de France. Le roi Charles VII est confiné à Bourges mais, grâce à

Jeanne d'Arc (1412-1431), il reprend son trône, est sacré roi en 1429 et chasse définitivement les Anglais lors de la victoire de Castillon (1453).

Cette période voit également le début de la montée en puissance des ducs de Bourgogne (issus de Philippe le Hardi, 1342-1404, fils du roi Jean le Bon). Ces derniers font trembler le trône de France jusqu'à la bataille de Nancy en 1477 (mort de Charles le Téméraire, duc de Bourgogne, 1433-1477).

En plus des combats, la France souffre d'autres maux durant ces décennies de conflit : des famines se succèdent entre 1315 et 1320 tandis qu'une épidémie de peste noire survient en 1348 et ravage l'Europe entière. La population se trouve ainsi réduite de moitié en un siècle.

UNE ÉPOQUE BELLIQUEUSE ENTRE VIOLENCE ET HUMANISME

La guerre de Cent Ans n'est pas seulement une époque de combats et de complots. Elle compte aussi des anecdotes témoignant de la clémence des chefs de guerre. Le roi d'Angleterre Édouard III débarque à Calais en 1346 et assiège la ville jusqu'à l'été 1347. La population de cette ville florissante et commerciale est alors au comble de la famine. Afin de leur épargner un sort funeste, six des plus influents bourgeois vont obéir aux conditions de reddition du roi. Ils se rendent en tenue modeste, entravés et pieds nus, lui remettre les clefs de la ville. Alors que les bourgeois doivent être pendus, la reine Philippa d'Angleterre les sauve. Cet épisode inspira le sculpteur Auguste Rodin (1840-1917) qui immortalisa la scène en 1895.

Les bourgeois de Calais par Auguste Rodin, 1889.

LA RENAISSANCE (1477-1598)

Cette période débute peu après la fin de la guerre de Cent Ans (1453). L'Europe a soif de paix et d'humanisme. Mais des conflits territoriaux continuent d'éclater. Dès 1494, les souverains français souhaitent défendre leurs prérogatives sur le royaume de Naples. Les guerres d'Italie éclatent (1494-1516). Si elles sont un fiasco du point de vue militaire pour la France, elles vont permettre la découverte d'un nouvel art de vivre.

En effet, les Français entrent en contact avec la Renaissance italienne, mouvement né au XIVe siècle suite à l'essor économique de plusieurs principautés italiennes. La Renaissance française reprend d'ailleurs les grandes idées de son aînée transalpine : amour de l'Antiquité, humanisme, esprit critique, recherche, art, etc. L'homme et sa place dans l'univers deviennent le centre de la réflexion des penseurs.

Des personnalités italiennes vont s'installer sur le sol français et accentuer encore les échanges. Charles VIII et François Ier invitent des artistes et savants italiens. Du côté de la cour, les mariages de rois avec des princesses de Florence (Catherine de Médicis et Marie de Médicis) suscitent chez la noblesse un style de vie « à l'italienne ». Henri II (1519-1559), époux de Catherine, s'inspirant des coutumes italiennes, met en scène la royauté et crée les débuts d'une sorte de protocole. Les fêtes se succèdent à la cour. Le roi meurt d'ailleurs tragiquement au cours d'un tournoi, le 10 juillet 1559.

C'est également la période des grandes découvertes comme celle du Nouveau Monde en 1492 par Christophe Colomb (navigateur génois, v. 1450-1506). Dès 1555, des colonies françaises seront créées et permettront l'arrivée de nouveaux produits dans la métropole.

L'apogée de la Renaissance française

La Renaissance connaît son épanouissement en France sous le règne de François Ier qui correspond à l'avènement au trône de la branche d'Angoulême des Valois, Louis XII étant décédé sans héritier mâle. Roi bâtisseur, François Ier s'illustre dans la construction et l'embellissement des châteaux dits « de la Loire » (dont Chambord en 1519).

Il est également un grand mécène. Ainsi, le génie de la Renaissance italienne, Léonard de Vinci (1452-1519), est accueilli par le roi au Clos Lucé (Amboise) en 1516 et y passera la fin de sa vie.

Les membres de la famille royale s'adonnent au mécénat d'artistes mais produisent également des œuvres. Marguerite de Navarre (1492-1549), sœur du roi, est une femme de lettres publiant poèmes et nouvelles dont son célèbre *Heptaméron* (publié en 1559). La période est à l'esprit critique et aux commentaires de textes, ce qui met à mal les vérités incontestées prônées par l'Église et l'autorité de celle-ci. Ainsi, le roi n'hésite pas à exiger un inventaire des biens épiscopaux en 1516 afin de surveiller d'éventuels détournements et d'effectuer des saisies en cas de fraude fiscale.

Le château de Chambord, bâti en 1519.

En outre, François Ier est un fin politicien. Il organise en 1520 une rencontre diplomatique, dite « Camp du drap d'or », avec le roi d'Angleterre Henri VIII Tudor (1591-1547). Les deux souverains tentent de conclure une alliance contre l'empereur Charles Quint (1500-1558). Toutefois, aucun traité ne découle de ce camp et François Ier finit par épouser en secondes noces Éléonore de Habsbourg (1498-1547) en 1530, la sœur de Charles Quint. Ironie du sort, son frère tente auparavant de la fiancer à Henri VIII... Le projet échoue, ce qui est certainement une chance pour Éléonore étant donné la façon tragique dont se sont achevées les six unions du souverain britannique !

Des tensions à l'origine des guerres de religion

Durant la Renaissance, la population souffre moins grâce aux progrès de la médecine mais elle n'est pourtant pas au bout de ses malheurs. Sous François Ier, le protestantisme progresse : le culte des saints et de la Vierge gagne du terrain et certains catholiques y voient de l'idolâtrie. Ils se sentent déçus du catholicisme et vont donc gonfler les rangs huguenots (courant protestant français inspiré par Martin Luther [1483-1546] qui propose de centrer la foi sur la personne de Jésus). La montée de cette nouvelle religion entraîne des persécutions dès 1520. Mais la situation s'envenime en 1562 lorsque des massacres de huguenots sont perpétrés à Wassy (Haute-Marne). Cette tuerie marque le début des guerres de religion.

Les rois Valois tentent d'apaiser la situation. Ainsi, Charles IX (1550-1574) donne sa sœur Marguerite de Valois (1553-1615) en mariage au chef huguenot Henri de Navarre (le futur Henri IV) en 1572. Mais, quelques jours plus tard, les protestants se font massacrer dans les rues de Paris lors de la Saint-Barthélemy, le 23 août 1572. Le clan catholique, mené par les Valois et les Guise (puissante famille noble comptant de nombreux chefs militaires proches du pouvoir royal), tue alors 10 000 protestants venus assister au mariage d'Henri de Navarre et de la reine Margot. Durant cette période trouble, les puissances rivales de la France (en particulier l'Angleterre) s'allient avec telle ou telle partie, accentuant encore les tensions.

Le massacre de la Saint-Barthélemy par François Dubois (1529-1584), vers 1580.

La Renaissance s'achève sous le règne d'Henri IV avec l'édit de Nantes de 1598. Le chef huguenot, arrivé au trône et devenu catholique, promulgue la liberté de culte dans le royaume de France. La période de paix qui en découle permet de jeter les bases du futur siècle des Lumières.

Ironie de l'histoire, la Renaissance française est certes une période d'essor des sciences mais aussi celle de l'occultisme qui voit fleurir l'intérêt de la population pour le paranormal ! Ainsi, Nostradamus (1503-1577), célèbre astrologue, jouit de cet engouement pour graviter autour de plusieurs personnalités politiques telles que Catherine de Médicis.

LA RÉVOLUTION FRANÇAISE (1789-1799)

Le dernier roi de France, Louis XVI (1754-1793) paie les conséquences des règnes dépensiers de Louis XIV et de Louis XV (1715-1777). Ce dernier monte sur le trône à 5 ans : ses frasques, ses guerres et la perte des colonies le rendent détestable auprès de la population et préparent le lit de la Révolution. Les favorites Jeanne de Pompadour (1721-1763) et Jeanne du Barry (1743-1793) ont une influence politique désastreuse sur leur royal amant.

Lorsqu'il meurt en 1777, il laisse une France sous tension à son successeur et petit-fils Louis XVI. Néanmoins, le règne de celui-ci connaît des périodes moins sombres que l'on ne croit. En 1781, l'aide aux colons d'Amérique lors de la guerre d'Indépendance permet de supplanter le Royaume-Uni, rival historique. De 1781 à 1785, Louis XVI abolit certains impôts et la torture. Il fait aussi construire le port de Cherbourg, soutient des projets scientifiques (tels la montgolfière, l'emploi de la machine à vapeur pour des tâches ardues et la vaccination contre la variole). C'est également sous son règne qu'est rédigée la Déclaration des droits de l'homme et du citoyen (1789).

Cependant, le pays croule sous les dettes : la construction de Versailles, les présents faits aux favorites et les frivolités de Marie-Antoinette (1755-1793) saignent le peuple à blanc. La jeune reine aime la mode et les fêtes, et est malheureusement entourée de mauvais conseillers. Elle est impliquée malgré elle dans « l'affaire du collier », sombre complot autour d'une fausse commande de bijoux en 1785. De plus, on l'accuse d'espionner pour l'Autriche, sa patrie d'origine et ancienne rivale de la France.

En parallèle, le royaume a connu une série de mauvais hivers, les récoltes en ont souffert et la disette règne. Certes, le ministre Necker (1712-1804) tente des réformes économiques dès 1776, mais le clergé et la noblesse s'y opposent, à tel point qu'il finit par démissionner en 1781. En 1787, le roi convoque une assemblée de notables pour tenter de répartir équitablement les impôts, mais cela se clôt par un fiasco. Il décide alors de convoquer les états généraux (assemblées générales constituées de députés issus de la noblesse, du clergé et du tiers état) au printemps 1789.

La fin de la monarchie absolue

Les tensions finissent par faire éclater le mécontentement populaire. La Révolution commence dès le 5 mai 1789. Les députés du tiers état s'opposent au roi lors du serment du Jeu de paume où ils décident de donner une constitution écrite à la France. Le 14 juillet 1789 a lieu l'emblématique prise de la prison de la Bastille. La Révolution se termine en 1799 par le coup d'État de Napoléon Bonaparte, passant de la revendication des états généraux de 1789 aux grands massacres de la Terreur (1792-1794).

Voulant éviter le pire, Louis XVI tente pourtant de faire des compromis entre 1789 et 1791, notamment en prêtant serment sur la nouvelle constitution (qui fait de lui le « roi des Français »). Il tente aussi un acte désespéré en 1791 : la fuite à Varennes. Louis XVI et sa famille veulent en effet rejoindre les troupes royales à Montmédy, mais sont reconnus en chemin. Cette aventure est considérée comme une trahison et entraîne un manque de confiance général envers le roi. Ce sont les débuts de la Terreur. La noblesse est massacrée, la famille royale emprisonnée dans de rudes conditions.

La Convention, menée par les Girondins et les Montagnards (factions politiques rivales), finit par voter l'abolition de la monarchie en 1792. La dynastie des Bourbons est jetée à bas du trône et la monarchie absolue se termine dans le sang : Louis XVI et son épouse Marie-Antoinette sont guillotinés. Leurs exécutions sont votées par la Convention. Leur fils, le Dauphin (titre porté par l'héritier du trône depuis 1349) Louis XVII (1785-1795) meurt de faim et de maladie dans la prison du Temple. Il est compté parmi les rois de France même s'il n'a régné ni en droit ni en fait.

Exécution de Louis XVI, 1793.

Après le Directoire, le Consulat (1799-1804) et l'Empire (1804-1815), la France connaît une brève période de retour à la monarchie : la Restauration. Louis XVIII (1755-1824) et Charles X (1757-1824), frères rescapés de Louis XVI, se succèdent alors sur le trône. Mais il s'agit d'une monarchie constitutionnelle : ses pouvoirs étant fortement limités, le roi n'est plus qu'un symbole fédérateur et modérateur.

Après les émeutes des Trois Glorieuses en 1830, Louis Philippe Ier (1773-1850) monte sur le trône avec le titre de roi des Français. Ce titre avait déjà été porté par Louis XVI lorsqu'il avait accepté de prêter serment sur la nouvelle constitution (automne 1789). Le terme n'est pas anodin : il montre que la souveraineté du monarque est conférée par le peuple (qui s'exprime via la constitution. On retrouve d'ailleurs cette valeur dans le titre de « roi des Belges »).

Louis Philippe souhaite par là même trouver un juste milieu entre royauté et pouvoir populaire.

Cette « Monarchie de Juillet » ne dure que 18 ans et ne survit pas à son unique roi. Son histoire politique est chaotique : les émeutes se multiplient et la crise économique règne. Le roi oublie ses souhaits d'éloignement de la monarchie absolue et devient de plus en plus autoritaire. En 1848, une nouvelle Révolution éclate et le contraint à abdiquer. Il espère voir son petit-fils Philippe d'Orléans (1838-1894) sur le trône mais la monarchie est abolie pour de bon. La Deuxième République la remplace.

PERSONNALITÉS EMBLÉMATIQUES

Durant la longue histoire de la monarchie française, bien des monarques ont laissé leur empreinte. Quelques règnes clefs méritent d'être approfondis. Ils marquent la France politiquement, artistiquement et religieusement. Ce sont de véritables charnières de l'histoire du royaume. Ces règnes ont pour conséquence de grands événements nationaux tels que la guerre de Cent Ans ou la Révolution française.

UN RÈGNE MARQUANT POUR LA CONSTRUCTION DE L'ÉTAT FRANÇAIS

Philippe IV, dit le Bel, roi de France, par Jean-Louis Bézard (1799-1881), 1837.

Philippe IV le Bel monte sur le trône en 1285. Son règne est important car :

- il centralise le royaume de France en mettant à mal la féodalité déjà affaiblie ;
- il soumet l'Église en intervenant dans la nomination des ecclésiastiques, en supprimant des ordres religieux trop puissants et en entamant la séparation entre l'Église et l'État ;
- Il fait charnière avec la guerre de Cent Ans, étant donné que les problèmes de succession au trône de sa propre descendance auront pour effet de déclencher ce conflit.

Avec ce souverain, le domaine royal s'étend. Par son mariage avec Jeanne Ire de Navarre en 1284, Philippe le Bel ajoute le petit royaume transalpin de Navarre à la sphère royale. L'État français se centralise, devient de plus en plus indépendant et s'organise, le commerce se développe, les impôts sont réformés (1292), la monnaie réorganisée. Le roi sait s'entourer de légistes et de ministres issus d'universités. L'origine de ces conseillers montre une évolution sociale : ils ne sont pas forcément issus de la haute noblesse mais désignés par le mérite. Citons parmi eux Guillaume de Nogaret (1260-1313, homme de confiance du roi, il est chargé des missions les plus délicates), et Enguerrand de Marigny (1260-1315) qui inspire le personnage d'Ysengrin, loup cupide et cocu du *Roman de Renar*t (version dite de « Renart le contrefait », écrite vers 1319 au plus tard).

Philippe IV assure le statut de la France. Ainsi, il apaise les tensions avec l'Angleterre par les noces de sa fille Isabelle en 1308 avec le futur roi britannique Édouard II (1284-1327).

Il calme aussi la rébellion de la Flandre par des traités diplomatiques en 1303 et allie au trône les plus puissants nobles du royaume en donnant ses fils en mariage à des princesses issues des familles de Bourgogne et d'Artois.

Le pape Boniface VIII (1235-1303) entre en conflit avec le roi dès 1295 mais est déposé en 1303 lors de l'attentat d'Anagni. Guillaume de Nogaret l'arrête et, pire, laisse Sciarra Colonna (1270-1329), un de ses alliés, gifler le souverain pontife ! Boniface meurt quelque temps plus tard. La fin de son pontificat voit la papauté se subordonner au trône de France et s'installer en Avignon. Philippe le Bel assure aussi le prestige de sa famille en poussant à la canonisation de son ancêtre Saint Louis IX en 1296.

La malédiction d'une fin de règne

Seule une institution résiste à Philippe le Bel. Il s'agit du tout-puissant ordre du Temple, ordre de chevaliers influent et prospère, véritable État dans l'État. Philippe tente de le contrôler par des négociations mais finit par le détruire. En 1305, il fait arrêter les Templiers pour crime d'hérésie, avec le concours du pape Clément V (1264-1314). Les personnages principaux de l'ordre sont condamnés au bûcher en 1314, après avoir avoué leurs crimes sous la torture durant un long procès. Selon la légende populaire, le grand maître Jacques de Molay (1244-1314) a maudit durant son agonie les responsables de la chute du Temple. Il est vrai que la fin du règne de Philippe IV est frappée de nombreux drames. En 1314, ses trois brus sont arrêtées et emprisonnées pour adultère (scandale de la tour de Nesle). Le pape Clément, son complice dans la chute des Templiers, meurt la même année. Philippe le Bel lui-même disparaît le 29 novembre 1314, des suites d'un malaise lors d'une partie de chasse.

Ses trois fils, Louis X leHutin (1289-1316), Philippe V le Long (1292-1322) et Charles IV le Bel (1294-1328) se succèdent sur le trône sans laisser de fils légitime pour leur succéder. Le trône passe donc à la lignée des Valois, en la personne de Philippe VI, neveu de Philippe le Bel. Ces problèmes de succession sont l'une des causes de la guerre de Cent Ans. C'est la fin des Capétiens directs, dont la chute est racontée dans la série de romans de Maurice Druon, *Les Rois maudits*, parue entre 1955 et 1977 et adaptée par deux fois à la télévision (1972 et 2005).

On constate que les trois dynasties ayant régné sur la France se terminent chacune par la succession de trois frères sur le trône.

Buste de Henri IV portant la croix du Saint-Esprit, par Frans Pourbus le Jeune (1569-1622), avant 1622.

Le règne d'Henri IV assure la transition entre la Renaissance et l'époque moderne mais aussi entre les Valois et les Bourbons. Avec lui, s'achève la période sanglante des guerres de religion.

La nécessité de pacifier le royaume

Le roi de France Henri II et Catherine de Médicis avaient dix enfants dont cinq fils. Autant dire que les chances de voir la dynastie valoise s'éteindre étaient maigres ! La couronne passera sur la tête de trois de ces héritiers : François II (1544-1560), Charles IX et Henri III (1551-1589). Or ce dernier, comme ses frères, meurt sans héritier mâle. Le trône passe alors en 1589 au roi de Navarre, Henri de Bourbon, son cousin et beau-frère (en 1572, il a épousé la sœur du roi, Marguerite de Valois, dite « la reine Margot »). La France est alors épuisée par les guerres de religion, les luttes intestines au sein de la famille royale et de la noblesse. Henri IV a la lourde tâche de pacifier et de rétablir le royaume, notamment au niveau des cultes. Protestant, il abjure plusieurs fois sa foi : en 1572 lors de la Saint-Barthélemy, puis en 1593. Bien que cette phrase tienne davantage de la légende, il aurait proclamé à cette occasion : « Paris vaut bien une messe ! »

Le bon roi Henri

Henri IV laisse l'image d'un souverain moderne et « bon-homme ». C'est un bon vivant qui porte le surnom de « Vert Galant » (l'expression désigne un homme audacieux et vif dans son comportement avec les femmes). La légende populaire le présente souhaitant que tous les Français aient une poule au pot sur leur table le dimanche. Il met fin aux guerres de religion en 1595 et publie l'édit de Nantes en 1598, assurant la liberté de culte. Cette date est souvent considérée comme la fin de la Renaissance.

Henri annule son mariage (resté stérile) avec la reine Margot (les époux se trompent ouvertement) en 1599, pour conclure en 1600 une union politique (et financière) avec la riche Marie de Médicis, dernière reine de France sacrée à Reims. En 1602, Henri IV interdit la pratique des duels judiciaires, édit renouvelé par ses successeurs jusqu'en 1723. Du point de vue territorial, la France s'agrandit avec la Navarre et le Béarn en 1607.

Henri IV est aussi une personnalité truculente. Il est amateur d'ail, de vin de jurançon et de belles femmes ! Parmi ses nombreuses favorites, citons l'influente Gabrielle d'Estrées (1573-1599) qui entre dans son cœur vers 1591. Elle meurt probablement empoisonnée en 1599, alors qu'elle est enceinte du roi.

UNE TÊTE ANONYME

Henri IV succombe sous la lame de Ravaillac (1578-1610) le 14 mai 1610. Détail lugubre, la tête du roi, volée à Saint-Denis lors de la Révolution, porte des mutilations des suites de cet attentat. Perdue, elle réapparaît en 1919 et est vendue à l'hôtel Drouot le 31 octobre, pour seulement trois francs !

Son identification est encore aujourd'hui sujette à controverse. L'une des dernières hypothèses est celle de Philippe Charlier, spécialiste de médecine légale et d'anthropologie. Il soutient en 2010 (*La tête d'Henri IV*, documentaire de Jacques Bellanger, France, 2010) que la tête est bien celle du souverain, en comparant son ADN avec un mouchoir taché du sang de Louis XVI et des prélèvements effectués sur des princes Bourbons contemporains.

LOUIS XIV, LE ROI SOLEIL

Louis XIV par Hyacinthe Rigaud (1659-1743), 1601.

Fondateur de l'absolutisme royal, Louis XIV règne dès 1643. La noblesse devient un groupe de courtisans à la merci de ses humeurs. Son règne fait certes de la France une grande puissance, mais prépare également la Révolution française, notamment parce que le pays accumule des problèmes financiers. Monté sur le trône encore enfant (1643), le jeune Louis a la chance d'être appuyé par des conseillers habiles comme le cardinal Jules de Mazarin et par sa mère Anne d'Autriche. La régence est marquée par une révolte de la noblesse : la Fronde. La cour part alors en exil et le jeune roi en est profondément marqué. Il faut sans doute aller chercher dans cet événement les racines de sa politique despotique envers la noblesse.

Le culte du monarque absolu

Louis XIV instaure un culte monarchique, la notion de cour et d'étiquette. Une mise en scène presque sacrée régit la vie du roi, jalonnée au quotidien d'événements récurrents qui acquièrent une forte puissance symbolique (tels que le petit lever). De simples gestes quotidiens (tendre sa chemise au roi) deviennent de véritables rituels.

Louis XIV développe aussi le château de Versailles dès 1662. Jardins, fontaines, fêtes fastueuses, etc. servent à impressionner et focaliser l'attention de tous. L'ancien pavillon de chasse de son père Louis XIII devient résidence royale jusqu'à la chute de la monarchie. En 1682, Versailles vit ses heures de gloire : les nobles, suspendus au bon vouloir du roi, vivent une existence de luxe, spectacles, arts et jeux de tripot. Ils sont véritablement « domestiqués » par le souverain. Louis XIV ne laisse en effet aucun ambitieux ou comploteur prendre de l'importance. Ainsi, Nicolas Fouquet (1615-1680), surintendant des finances, riche et puissant, est arrêté, banni et emprisonné en 1661. Le château de Vaux-le-Vicomte laisse deviner quelle était la démesure de ce personnage.

Parallèlement, le mécénat se développe et le phénomène des artistes de cour prend son essor. Le règne de Louis XIV correspond ainsi à un âge d'or artistique. La cour finance des artistes tels que le dramaturge Molière (1622-1673), le compositeur Lully (1632-1687) ou encore le peintre Hyacinthe Rigaud.

Louis XIV est aussi un roi guerrier. Sur l'ensemble de son règne, on compte cinq guerres, de 1667 à 1714, soit 33 ans de conflits sur 54 ans de règne ! Ces guerres mettent en scène l'Espagne comme rivale principale de la France, tout d'abord pour des questions de possessions dès 1667, puis pour des questions de succession entre 1701 et 1714. Louis XIV a épousé une princesse espagnole en 1660 et souhaite que leur petit-fils Philippe d'Anjou (1683-1746) devienne roi d'Espagne. Dès 1672, il est également en conflit avec les Habsbourg pour la possession de la Hollande, des Flandres et de la région de Strasbourg. Il soutient en 1689 la candidature de Guillaume III d'Orange (1650-1702) comme roi d'Angleterre, d'Écosse et d'Irlande. De ces diverses guerres découlent un agrandissement du territoire, des traités de paix et d'entraide, mais aussi des déficits qui vont en s'accentuant durant les règnes suivants. Ces conflits voient aussi l'édification d'un nouveau type de place forte, avec un plan en forme d'étoile. Elles sont l'œuvre du marquis Sébastien de Vauban (1633-1707).

Une vie privée agitée !

Le roi Soleil n'est pas seulement brillant dans les arts ou en politique, il l'est aussi en amour ! Il épouse Marie-Thérèse d'Autriche (1638-1683) en 1660 mais multiplie les favorites. Certaines seront de véritables « reines » de cour telle Françoise-Athénaïs de Montespan (1640-1707). Elle est influente non seulement à la cour mais également en politique et dans les arts. Ce n'est pas un cas inédit. Ainsi, avant elle, Agnès Sorel (1422-1450), maîtresse de Charles VII et Diane de Poitiers (1499-1560), favorite d'Henri II avaient marqué leur temps.

Cependant, la belle et ambitieuse marquise de Montespan se perd dans une obscure affaire de sorcellerie, « l'affaire des poisons », en 1679-1682. Une adepte de sorcellerie, Catherine la Voisin (1640-1680) prétend avoir livré des philtres d'amour et des poisons à la favorite du roi. Ce n'est pas la seule légende obscure du règne. Ainsi l'énigme du « masque de fer » (le personnage est mentionné entre les années 1669-1703) laisse planer le doute sur l'existence d'un parent caché du roi, enfermé et dissimulé aux yeux du monde, affublé en permanence d'un masque pour cacher son visage.

Après le scandale de sorcellerie associé à la Montespan, Louis XIV mène une vie plus rangée avec la très pieuse Françoise de Maintenon (1635-1715), veuve du poète co-mique Paul Scarron (1610-1660) et ancienne gouvernante des bâtards royaux. Le roi l'épouse en 1683 mais il s'agit d'un mariage morganatique, notamment à cause des origines sociales de Mme de Maintenon (bien qu'issue de la petite noblesse, elle est veuve d'un poète comique).

À la même époque, la santé du roi décline. Le souverain mul-tiplie les abcès, problèmes dentaires et maladies digestives. Il se réfugie dans la religion, sous l'influence de sa nouvelle et très pieuse épouse qui le convainc de se repentir de sa vie légère et fastueuse. Néanmoins, il survit à toute sa famille, enterrant ses fils et même ses petits-fils ! Atteint d'une gangrène à la jambe, il s'éteint après une longue et doulou-reuse agonie le 14 mai 1643. Son arrière-petit-fils Louis XV hérite du trône alors qu'il n'est encore qu'un garçonnet. C'est le début de la période dite de la Régence. Malheureusement, la France entame aussi une période de déclin (famines, etc.) qui la mènera à la Révolution française.

LA MONARCHIE FRANÇAISE AUJOURD'HUI

La monarchie française a aujourd'hui définitivement disparu, sauf dans les ambitions des descendants de la dynastie Bourbon. Cette institution a évolué au cours des siècles, au gré des courants de pensée et des mutations sociales. Ces systèmes politiques successifs, et en particulier leurs réalisations, continuent de marquer notre époque.

DISPARAÎTRE ET SE RÉINVENTER

La monarchie française a pris de multiples visages au cours des siècles. Ces conceptions du pouvoir successives ont disparu et ont été repensées selon les époques. On évolue d'un pouvoir féodal, morcelé, où le roi a un simple lien de fidélité avec la noblesse, vers un pouvoir centralisé autour d'un souverain aidé par des ministres. C'est le cas durant les ères mérovingiennes et carolingiennes, la dynastie capétienne voyant une recentralisation du pouvoir politique autour du roi.

Dès Clovis, la symbolique de la personne royale est mise en place. Elle s'enrichit davantage sous Louis IX et surtout sous l'absolutisme du roi Soleil. Le monarque est alors considéré comme une personnalité sacrée qui tire son pouvoir de Dieu en personne. D'ailleurs, lors des séances de toucher des malades, le roi dit : « Le roi te touche et Dieu te guérit. » Cette formule est attestée dès le XVIe siècle (voir BLOCH (Marc), *Les rois thaumaturges*, Paris, Armand Colin, 2017, réédition revue et corrigée de 1924, p. 90 et 93). La canonisation de certains souverains (à l'instar de saint Louis IX) ou membres de la famille royale (comme Jeanne de Valois, 1464-1505) accentue cette sacralité. Elle perdure jusqu'à la chute de l'Ancien Régime, voire dans la République actuelle mais sous une forme laïcisée et cérémonielle (à travers les rites d'investiture présidentielle par exemple).

Avec les derniers Capétiens, le domaine royal s'agrandit grâce à des achats, des unions ou des héritages. En l'absence d'héritier mâle direct, la couronne passe des Capétiens à leurs cousins Valois. Ces périodes de transition sont à chaque fois des menaces pour l'avenir de la monarchie : elles entraînent des conflits importants, comme la guerre de Cent Ans. Les Valois réussissent à se maintenir sur le trône de France avec Charles VII. L'intervention de personnages comme Jeanne d'Arc pour appuyer le roi démontre, pour les croyances de l'époque, que les Cieux semblent veiller en personne sur le destin de la royauté française.

La Renaissance voit une distance s'établir entre l'Église et le roi, par les guerres de religion et l'esprit libre. D'anciens protestants accèdent même au trône (Henri IV). Le pouvoir passe des Valois à leurs cousins Bourbon. Les arts connaissent un essor et marquent notre patrimoine culturel actuel (par exemple, les châteaux de la Loire).

Avec Louis XIV, la notion d'absolutisme se développe. Le roi devient une personnalité sacrée, comme une sorte de soleil autour duquel les nobles, les ministres et le peuple tournent comme des planètes. La noblesse est assujettie au roi et mène une vie luxueuse à Versailles. La cour devient peu à peu un monde fermé sur lui-même. Mais tout a un prix : les conflits et le luxe entraînent l'État vers la banqueroute, sur fond de famines. La monarchie est alors mise à mal et doit faire des compromis mais cela ne suffit pas, la France bascule dans la Révolution. La personne royale, jusque-là empreinte d'une sorte de sacralité, est remise en cause. Louis XVI et sa famille sont exécutés ; c'est la fin de l'Ancien Régime.

À noter que c'est dans les monuments de l'Ancien Régime que les présidents actuels reçoivent leurs hôtes de marque (par exemple Versailles). La Révolution Française entraîne la fin définitive du régime monarchique absolu au privilège de la monarchie constitutionnelle (le pouvoir du roi est cadré par la constitution). Elle est devenue le modèle de royauté le plus courant (il est notamment d'application en Belgique). Mais la fin de l'histoire de la monarchie en France n'est pas tout à fait terminée au pied de l'échafaud des Bourbons.

APRÈS LES ROIS...

L'exécution de Louis XVI et la mort prématurée de son dauphin n'entraînent pas la disparition totale de la monarchie. Pendant un siècle, la France va connaître une histoire politique mouvementée où la monarchie refait plusieurs apparitions.

Durant la Révolution, la France est gouvernée par une série d'assemblées constituant le gouvernement révolutionnaire. Les régimes se succèdent et ont une vie courte. De 1795 à 1799, la Première République française est mise en place sous la forme du Directoire, constitué de cinq directeurs. Malheureusement, ces derniers sont souvent rivaux et passent leur temps à conspirer l'un contre l'autre.

Un empire bref mais prestigieux

Le 9 novembre 1799, l'ambitieux général Napoléon Bonaparte fomente un coup d'État et prend le pouvoir. Le 18 mai 1804, il se fait proclamer empereur des Français. Comme les rois de France, il se fait couronner (le 2 décembre 1804) ou plutôt se couronne lui-même, ainsi que son épouse Joséphine de Beauharnais (1764-1814). L'aval de l'Église est respecté, tout comme dans l'Ancien Régime : le pape Pie VII (1742-1823) est présent et bénit l'événement. Napoléon, comme ses prédécesseurs, instaure une étiquette et désigne comme héritier son premier enfant mâle. Les nouveaux maîtres de la France occupent les châteaux des rois de l'Ancien Régime (comme Fontainebleau).

Le 14 avril 1814, c'est l'abdication de Napoléon. Son fils unique légitime (il en aurait eu un de sa maîtresse Maria Waleska, 1786-1817, mais cet enfant n'est pas inclus dans la succession au trône de l'Empire), Napoléon II (L'Aiglon, 1811-1822) n'est empereur que dans ses revendications. Il finira sa vie en exil en Autriche.

Le retour des rois… et de l'empereur

Lors du congrès de Vienne (qui s'est tenu du 18 septembre 1814 au 9 juin 1815), les vainqueurs de Napoléon choisissent un retour à la dynastie précédente. Les rois Bourbons sont de retour sur le trône en la personne de Louis XVIII puis de Charles X, frères de Louis XVI. Ils portent tous deux le titre de « roi de France et de Navarre » (ce qui est un programme politique en soi : ils font l'impasse sur Louis XVI, roi des Français dès 1789, et montrent leur volonté de retourner à l'Ancien Régime). « L'enfant du temple », fils de Louis XVI et de Marie-Antoinette, est compté comme roi (Louis XVII, 1785-1795) même s'il n'a jamais régné.

Louis XVIII (monté sur le trône en 1815) a passé une majeure partie de sa vie en exil, en Prusse (royaume germanique qui s'étendait entre la Pologne et la Russie) et en Suède. Il découvre une France métamorphosée par la Révolution ainsi que ses conséquences et la période impériale. Gardant un ersatz d'Ancien Régime, il « octroie » (selon les termes de la Charte de 1814) une constitution au peuple. Il tente d'apaiser les souvenirs des violences révolutionnaires mais durcit sa politique (le président du conseil, Joseph de Villèle [1773-1854], tente de restaurer l'Ancien Régime) après l'assassinat de son neveu et héritier le duc de Berry (1778-1820).

Cette période dite « Première Restauration » est interrompue par les « Cents Jours » : Napoléon quitte sa terre d'exil de l'île d'Elbe le 1 mars 1815 et marche sur Paris. La bataille de Waterloo (défaite de Napoléon face à une coalition anglaise, néerlandaise, prussienne et allemande) mettra fin à cette épopée le 18 juin 1815. Pendant cette période, la cour des Bourbons s'est réfugiée à Gand.

La Seconde Restauration prend place de la défaite napoléonienne à 1830. Le retour au pouvoir de Louis XVIII est surtout le fait du duc d'Otrante, Joseph Fouché (1759-1820). Cette période voit de nombreux déboires pour la France dont la sinistre période de la « Terreur Blanche » : les monarchistes absolutistes massacrent, principalement en Vendée, les partisans de Napoléon, voire ceux du roi qu'ils estiment trop faible. Du point de vue territorial, la France subit une occupation russe, anglaise, puis autrichienne. Des famines ont lieu entre 1816 et 1817 (crise dite « frumentaire » car elle concerne de mauvaises récoltes).

Heureusement, la politique libérale du duc de Richelieu (1766-1822, à ne pas confondre avec le cardinal de Richelieu, ministre de Louis XIII) permet de sortir le pays des problèmes économiques. Louis XVIII meurt le 16 septembre 1824, miné par les ennuis de santé répétitifs. Il est le dernier roi à être inhumé dans la nécropole de Saint-Denis.

Un dernier souvenir de monarchie absolue

Sans héritier, il a pour successeur son jeune frère Charles X (1757-1836). Pour l'anecdote, ce dernier est le roi le plus âgé à être monté sur le trône à l'âge de 66 ans. Pieux, proche des milieux monarchistes absolutistes, mais soucieux de maintenir les acquis de son frère, il se heurte au parlement et finit par provoquer la révolte des Trois Glorieuses (27, 28 et 29 juillet 1830) considérée comme une seconde Révolution Française. Charles X quitte le pouvoir et se retire dans divers endroits d'Europe (dont l'Écosse). Aussi séjourne-t-il en Europe de l'Est, grâce à ses sympathies avec les souverains Habsbourg. Il finit par mourir du choléra bien loin de la France. En effet, il repose à Kostanjevica (Slovénie) auprès de la famille de Marie-Thérèse de France (1778-1851), l'ancienne petite « Madame Royale », fille de Louis XVI et Marie-Antoinette.

Les derniers rois : entre passé et progrès

À Charles X succède son cousin Louis-Philippe d'Orléans

(1773-1850), descendant du truculent régent Philippe d'Orléans. Cette branche des Bourbons est réputée pour être adepte des idées modernes. Ainsi, le nouveau souverain a été élevé selon la pédagogie de Rousseau (1712-1778) basée sur la morale et l'esprit critique. Il baigne dans une atmosphère favorable aux courants révolutionnaires. Son père, Philippe Égalité (il s'appelle également Louis-Philippe, mais on le désigne plus souvent par son surnom afin d'éviter les confusions), a d'ailleurs participé au procès de son propre cousin Louis XVI avant d'être exécuté pour traîtrise durant la Terreur (il avait participé à une tentative de coup d'État visant à rétablir une monarchie constitutionnelle).

Louis Philippe se fait oublier en menant une vie d'aventurier dans les pays scandinaves et en Angleterre. Il tente quelques prises d'armes contre Napoléon avant de revenir en France en 1814. Il a alors un mode de vie assez bourgeois, s'oppose aux ultra-royalistes et à la violence en général. Il a des idées progressistes et scolarise ses enfants dans un établissement public, le lycée Henri IV (qui existe toujours actuellement), ce qui est une première pour des princes royaux. Pourtant, il est fier de ses origines et n'hésite pas à évoquer son titre d'Altesse Royale. Lors des Trois Glorieuses, les députés le désignent lieutenant-général du Royaume. Le 9 août de la même année, Louis-Philippe se fait proclamer « roi des Français ». Ce titre, brièvement porté par Louis XVI, évoque un pouvoir royal cadré par la constitution, donc par le peuple.

Or ce régime de la monarchie de Juillet est éphémère : le 24 février 1848, Louis-Philippe (critiqué jusque dans la presse où il est caricaturé sous forme de poire) abdique en faveur de son petit-fils Philippe (1838-1894). Ironie du sort, le dernier roi des Français part en exil en Angleterre (la vieille rivale de la France) où il meurt avant d'être inhumé à Weybridge puis ramené à Dreux en France, dans la chapelle funéraire de sa mère. Quant à son petit-fils Philippe, il ne règne jamais et reste prétendant au trône, revendiquant ses ambitions à l'occasion du moindre conflit politique. Il appartient à la branche d'Orléans des prétendants au trône de France, dont est issue la famille des comtes de Paris actuels.

Le retour des Bonaparte

Le futur Napoléon III, neveu de Napoléon Ier, devient d'abord président de la République en décembre 1848. Le 2 décembre 1852, il devient empereur des Français : c'est le Second Empire. Son règne est marqué de campagnes militaires souvent désastreuses, de révoltes et de périodes d'affaiblissement du pouvoir dues à son état de santé fluctuant (il a de graves problèmes de foie). Les réformes se multiplient et le pouvoir impérial devient limité par la constitution (1862). Pourtant, cette période est très riche du point de vue de l'histoire de l'art : l'empereur est un mécène, les expositions se multiplient tout comme les courants artistiques.

À l'issue de la guerre de 1870 contre la Prusse de Bismarck (homme d'État prussien, 1815-1898), Napoléon III est fait prisonnier. Sa famille, menacée par des émeutes, fuit en Angleterre. La Troisième République est proclamée le 4 septembre 1870. En mars 1871, le régime impérial est déchu officiellement : Bismarck libère Napoléon III (devenu inoffensif politiquement) qui rejoint sa famille en Angleterre et y meurt en 1873. Il est inhumé à Chislehurst, dans la banlieue de Londres.

La France devient définitivement une République, ce qu'elle est encore de nos jours. Le pays a connu son cinquième régime républicain (le régime républicain change lorsque la constitution est modifiée) de 1962 à aujourd'hui : c'est l'un des plus stables de toute l'histoire de la République française (après la Troisième République, 1870-1940).

UN SOUVENIR ENCORE VIVACE

Dans l'ombre, encore aujourd'hui, les prétendants au trône (comtes de Paris et ducs d'Anjou issus des Bourbons mais aussi quelques Bonaparte !) espèrent un jour retrouver la gloire de leurs ancêtres. Ils sont régulièrement visibles dans la presse people actuelle (notamment la famille du comte de Paris ou Louis de Bourbon [né en 1974] qui est souvent surnommé Louis XX, son titre s'il est amené à régner un jour) et comptent un nombre de partisans assez important.

Du côté des mystères, le petit dauphin Louis XVII connaît un destin romanesque. Bon nombre d'aventuriers prétendent être le prince ou l'un de ses descendants, ayant échappé à la mort dans la prison du Temple et revendiquant l'héritage du trône.

Si la monarchie est abolie, elle laisse de nombreux souvenirs. Le tourisme, l'archéologie et l'histoire s'intéressent aux réalisations des rois. Les musées regorgent de portraits de souverains réalisés par des artistes de cour. Le plus célèbre est le portrait de Louis XIV en majesté par Hyacinthe Rigaud, peint en 1701 et conservé à Versailles. Dans un style plus touchant, citons les portraits de famille de Marie-Antoinette réalisés par Elisabeth Vigée Le Brun (1755-1842) conservés au Louvre, à Versailles et au Trianon.

Marie-Antoinette dit « à la Rose », peint en 1783 par Elisabeth Vigée Le Brun.

La royauté marque également l'imaginaire populaire dans les films, romans et feuilletons. N'oublions pas les produits dérivés au nom des personnalités de la monarchie française, en particulier le roi Soleil et la reine Marie-Antoinette.

Enfin, le passé royal de la France marque encore sa vie politique. En effet, une sorte de protocole accompagne toujours le président de la République. Et c'est dans les châteaux des anciens rois (en particulier Versailles) que l'on reçoit les chefs d'État en visite officielle.

- La monarchie française est un système politique de droit divin, où le pouvoir se transmet de père en fils aîné. Le premier né mâle du couple royal hérite ainsi du trône. Cette règle permet de ne pas morceler le territoire et explique le changement de dynastie en l'absence de fils. Dans ce cas, c'est le plus proche parent mâle du roi qui hérite du trône. Les souverains portent le titre de « roi des Francs » (jusqu'à Philippe Auguste, règne de 1180 à 1223), puis de « roi de France » (jusqu'à 1789) et enfin de « roi des Français » (de 1789 à la fin de Restauration, avec l'interlude du Directoire et de l'Empire). L'héritier du trône porte le titre de « Dauphin ».

- Certaines femmes (favorites, reines ou parentes du roi) ont une influence politique non négligeable. L'épouse du roi prend ainsi le titre de « reine consort », est sacrée et couronnée. Il y a quelques cas d'épouses dites « morganatiques », mariées au roi mais sans titre de reine et ne pouvant engendrer l'héritier du trône.

- Le roi est une personne sacrée, ointe d'un chrême provenant directement des cieux et considérée comme capable de faire des miracles. Certains rois sont même canonisés. Louis XIV renforce ce caractère exceptionnel par l'étiquette et par des cérémonials autour d'actes anodins.

- La monarchie française est fortement liée à l'Église catholique. Le souverain tente de s'accaparer ses bonnes grâces ou de la soumettre afin de voir son pouvoir validé et soutenu par elle. L'influence de l'Église diminue toutefois avec la Renaissance. À cette période, la religion protestante apparaît ; elle est l'ancienne confession de certains rois.

- La monarchie française débute réellement avec les Capétiens. Sous les Mérovingiens et les Carolingiens, la France ne représente qu'une partie de la sphère d'influence de ces rois. Ils posent pourtant les bases du futur système monarchique français. Trois dynasties se succèdent sur le trône : Capétiens, Valois et Bourbons.
- Durant la dynastie capétienne, le roi passe du statut de seigneur suprême féodal à celui de chef d'État. Le domaine royal s'agrandit, le pouvoir se centralise. Avec Louis XIV, il bascule dans l'absolutisme. Le roi devient le centre de la France, autour de qui tout gravite. La vie royale se ritualise et la noblesse reste confinée à Versailles, dépendant du bon vouloir du roi.
- À partir de la Révolution française, la monarchie devient constitutionnelle et donc soumise à la constitution. Le roi n'est pas seulement un être politique mais également une personnalité influente dans les arts, le mécénat ou la construction.
- L'Empire napoléonien copie énormément la monarchie. Ainsi, Napoléon se fait couronner, avec l'aval de l'église, et l'épouse de l'empereur est impératrice consort. Quant à l'héritier du trône, il s'agit du premier fils ou du plus proche parent masculin. Les empereurs des Français conservent également un certain protocole et vivent dans les demeures des anciens rois
- La monarchie française a aujourd'hui disparu mais elle laisse un souvenir considérable dans le domaine culturel et politique comme dans les imaginaires. Il existe encore des familles descendantes des derniers rois Bourbons qui

revendiquent le trône de France.

Votre avis nous intéresse !
Laissez un commentaire sur le site de votre librairie en ligne
et partagez vos coups de cœur sur les réseaux sociaux !

POUR ALLER PLUS LOIN

SOURCES BIBLIOGRAPHIQUES

- *Archives nationales*, consulté le 29 décembre 2016. http://www.archives-nationales.culture.gouv.fr/web/
- Bloch (Marc), *Les rois thaumaturges*, Paris, Armand Colin, 2017, réédition revue et corrigée de 1924.
- Bordonove (Jean), *Les Bourbons : de Louis XVI à Louis-Philippe (1774-1848)*, Paris, Pygmalion, 2004.
- Bordonove (Jean), *Les Bourbons : de Henri IV à Louis XVI (1589-1774)*, Paris, Pygmalion, 2005.
- Bordonove (Jean), *Les Valois : de Philippe VI à Louis XII (1328-1515)*, Paris, Pygmalion, 2010.
- Bordonove (Jean), *Les Valois : de François Ier à Henri III (1515-1589)*, Paris, Pygmalion, 2010.
- Castelot (André), *La Révolution française*, Paris, Librairie Perrin, 1989.
- Delumeau (Jean), *La France de la Renaissance*, Paris, France Loisirs, 1998.
- Fabien (Francis), « Comment mémoriser facilement la liste des rois de France », in *Apprendre5minutes.com*, consulté le 29 décembre 2016. https://apprendre5minutes.wordpress.com/2016/03/19/comment-memoriser-facilement-la-liste-des-rois-de-france/
- Favier (Jean*)*, *La Guerre de Cent Ans*, Paris, Librairie Fayard, 1980.
- *France culture*, consulté le 29 décembre 2016. https://www.franceculture.fr/
- Gallo (Max), *Louis XIV*, Paris, Pocket, 2009.
- *Généalogie de l'Histoire de France*, consulté le 29 dé-

cembre 2016. http://www.roi-france.com/
- GOBRY (Ivan), *Les Capétiens (888-1328)*, Paris, Éditions Tallandier, 2001.
- *L'Histoire de France*, consulté le 29 décembre 2016. http://www.histoire-france.net/
- LE JAN (Régine), *Les Mérovingiens*, Paris, PUF, coll. « Que sais-je ? », 2006.
- LE NABOUR (Éric), *Les Rois maudits : l'enquête historique*, Paris, Librairie académique Perrin, 2005.
- MENANT (François), MERDRIGNAC (Bernard), MARTIN (Hervé) et CHAUVIN (Monique), *Les Capétiens. 987-1328*, Paris, Éditions Perrin, coll. « Tempus », 2009.

SOURCES COMPLÉMENTAIRES

- BAILLEUX (Nathalie) et COPPIN (Brigitte), *Atlas des rois de France*, Bruxelles, Casterman, 2000.
- BORDONOVE (Jean), *Ces rois qui ont fait la France*, Paris, Pygmalion, s. d.
- FEUER (Didier) et D'HENDECOURT (Jean), *Dictionnaire des rois de France*, Paris, Le Grand Livre du Mois, 1989.
- LE ROY LADURIE (Emmanuel), *Histoire de France*, Paris, Hachette, tomes I et II, 1987.
- PHAN (Bernard), *Rois et reines de France*, Paris, Points, 2009.
- VOLKMANN (Jean-Charles), *Généalogies des rois de France*, Paris, Éditions Jean-Paul Gisserot, 1999.
- WEBER (Patrick), *Les rois de France*, Paris, Librio, 2004.

FILMS ET DOCUMENTAIRES

- *Si Versailles m'était conté*, film de Sacha Guitry avec Georges Marchal, Claudette Colbert et Jean Marais, France, 1954.
- *La caméra explore le temps*, série de 39 documentaires par Stellio Lorenzi, André Castelot et Alain Decaux, France, 1957-1966.
- *Les Rois maudits*, téléfilm en six épisodes de Claude Barma avec Hélène Duc, Jean Piat et Catherine Rouvel, France, 1972-1973.
- *C'est pas sorcier*, série de documentaires sur les principaux rois de France présentée par Jamy Gourmaud, France, 1993-2014.
- *La reine Margot*, film de Patrice Chéreau avec Isabelle Adjani, Daniel Auteuil et Jean-Hughes Anglade, France, 1994.
- *L'allée du roi*, film de Nina Companeez avec Dominique Blanc et Michel Duchaussoy, France, 1995.
- *Les Rois maudits*, téléfilm en cinq épisodes de Josée Dayan avec Gérard Depardieu, Jeanne Moreau et Philippe Torreton, France, 2005.
- *Marie-Antoinette*, film de Sofia Coppola avec Kirsten Dunst et Jason Schwartzman, États-Unis, 2006.
- *Henri IV*, film de Jo Baier avec Julien Boisselier, Armelle Deutsch et Chloé Stefani, Allemagne, 2010.
- *La tête d'Henri IV*, documentaire de Jacques Bellanger, France, 2010.
- *Les rois de France : quinze siècles d'histoire*, série de 40 documentaires produits par Dominique Paul Mougenot et Thierry Bruant, France, 2011-2013.

- *L'ombre d'un doute*, série d'émissions consacrées aux rois et aux événements de l'histoire de France par Franck Ferrand, France, 2011-2015.
- *La mort de Louis XIV*, documentaire (rendu sous forme de film commenté) d'Albert Serra, France, 2016.

SOURCES ICONOGRAPHIQUES

- Les abeilles en or du trésor de Childéric Ier, conservées à la Bibliothèque nationale de France. La photo reproduite est réputée libre de droits.
- Illustration de la bataille de Crécy (26 août 1346) dans les *Grandes chroniques de France* (v. 1415). La photo reproduite est réputée libre de droits.
- *Les bourgeois de Calais* par Auguste Rodin, 1889. Statue en plâtre conservée au musée Rodin à Paris. © Mark B. Schlemmer - Flickr.com
- Le château de Chambord, bâti en 1519. La photo reproduite est réputée libre de droits.
- *Le massacre de la Saint-Barthélemy* par François Dubois (1529-1584), vers 1580. Huile sur panneau de bois conservée au Musée cantonal des Beaux-Arts de Lausanne (Suisse). La photo reproduite est réputée libre de droits.
- Exécution de Louis XVI, 1793. La photo reproduite est réputée libre de droits.
- *Philippe IV, dit le Bel, roi de France*, par Jean-Louis Bézard (1799-1881), 1837. Huile sur toile conservée au château de Versailles. La photo reproduite est réputée libre de droits.
- *Buste de Henri IV portant la croix du Saint-Esprit*, par

Frans Pourbus le Jeune (1569-1622), avant 1622. Huile sur toile conservée au château de Versailles. La photo reproduite est réputée libre de droits.

- *Louis XIV* par Hyacinthe Rigaud (1659-1743), 1601. Huile sur toile conservée au musée du Louvre. La photo reproduite est réputée libre de droits.
- *Marie-Antoinette dit « à la Rose »*, peint en 1783 par Elisabeth Vigée Le Brun. Huile sur toile conservée au château de Versailles. La photo reproduite est réputée libre de droits.

Éditeur responsable : Lemaitre Publishing
Avenue de la Couronne 159 | BE-1050 Bruxelles
info@lemaitre-editions.com

ISBN ebook : 978-2-8080-0163-2
ISBN papier : 978-2-8080-0164-9
Dépôt légal : D/2017/12603/591
Photo de couverture : réputée libre de droits

Conception numérique : Primento,
le partenaire numérique des éditeurs.